JN418858

염소의 충혈된 눈을 직시했다

문학의전당 · 시인선 76
염소의 충혈된 눈을 직시했다

초판인쇄 2009년 6월 5일
초판발행 2009년 6월 9일

지 은 이 안유정
펴 낸 이 김충규
펴 낸 곳 문학의전당
출판등록 제387-2003-00048호(2003년 9월 8일)

주 소 121-718 서울특별시 마포구 공덕2동 404번지 풍림VIP텔빌딩 202호
전화번호 02-852-1977
팩시밀리 02-852-1978
블 로 그 http://blog.naver.com/mhjd2003
전자우편 mhjd2003@naver.com

I S B N 978-89-93481-27-3 03810

염소의 충혈된 눈을 직시했다

안유정 시집

문학의전당

自序

까마득한 소녀였을 때 신이
만약 富者와 詩人 중 하나의
축복을 주신다면 詩人을
택하겠노라 생각했다.
그로부터 아득히 세월이 흘러
나는 문단의 일원으로 얼굴을
내밀었고 뒤늦게 이 사실을
떠올렸다. 그간 게으르게
詩를 경영해온 나를 저버리지 않은
신의 섬세함을 새삼 감격해 하며
무한한 감사를 드리게 된다.
번답한 세속을 헤쳐 나오면서
詩를 생각하기란 쉽지 않은
작업이었다. 머나먼 시간 저편
오로라처럼 일렁이는 눈부신
그림자를 그리워하며 나는 詩의
정령을 좇아 그 품으로 돌아왔고
그 마음의 편린을 아름다운 언어로
조탁하는 버릇을 키웠다.
에드가 알란 포의 '詩는 언어의
창조적 율동이라' 는 개념을 염두에 두고
비록 늦깎이로서 펴내는 詩集이지만
나는 생명처럼 엮으며
다만, 끊임없이 이 길을 가리라는
다짐을 가져보는 것이다.

2009년 오월
안유정

●●●

차례

1부

2부

3부

1부

뭔가를 비밀에 부치므로

앙상한 겨울 꽃들을 거실로 옮겨놓았다 말라가던 명자나무 가지에 터질 듯한 연분홍 꽃봉오리가 투명한 물방울을 매달고 순정한 미소를 머금고 있었다 버려진 해라고늄도 한껏 꽃을 피우고 떨어진 꽃잎이 행간에서 붉었다 별을 닮은 칼랑코에는 주황빛 눈망울을 수줍은 듯 조아리고 물 수선화 하얀 봉오리 낮꿈꾸는 사이 미나리아재비 허리 꺾였다 네플로네피스가 하모니카소리를 내자 잎 크기로 소문난 알로카시아 낯빛에 푸른 혈색이 돌고 학처럼 어깨를 우쭐거렸다 비로소 꽃들은 겨울을 망각하고 봄이 되었다는 사실을 깨달았다 덩달아 나는 다소의 분갈이를 시작했다 살가운 햇살이 키 큰 베고니아를 기웃거리고 의미심장한 웃음으로 하늘을 열었다 동백나무가지가 세차게 흔들릴 동안 꽃과 나는 봄날에 취했다 꽃무리들이 되살아나는 기쁨을 언제까지 불문에 부칠 것인가 나는 나를 고민하는 중이었다

관념론觀念論

염소에게로 가서
충혈된 눈을 직시했다
잊을 순 없다고
다시 벚나무 아래로 가서
꽃잎들이 하르르 나는 것을 보았다
연분홍 즙을 내 눈에 밀어 넣었다
너의 약한 부분은 눈물이야
내 눈동자를 맴도는 갑각류의 저 꽃잎들

잡념을 버리려고
비파나무 아래 서 있었다
길을 걸을 때도 그림자처럼 따라다녔다
짙푸른 잎들이 동시에 함성을 지르며
머릿속에 풍장을 깔고 내려앉았다

백지에다 펜을 들이대자
자음子音과 모음母音이 쏟아져 나왔다
나는 옷장에다 자유를 가두고 불을 껐다
검은 안대를 한 벌 떼들이 와글거렸다
다시 불을 켜고

나는 매서운 눈빛으로
덜된 평화를 쏘아보며 절망했다

불안한 행복이 서서히 자리를 잡으면
절제된 언어들이 문맥을 두리번거렸다
푸른 달이 유리창에 홀로 떠 있었다

내 울음 거름 속에 묻다

흙 속에 숨겨진 적막
신음소리도 없이 썩어갔다
다시 봄을 피우기 위한
분화구噴火口의 이글거리는 비명,
돌아올 수 없는 언어로
마지막 잎맥들은 이미 여백을 남겼다
나는 썩어가는 네 살에서
숨결을 느끼고
서어나무 푸른 잎사귀를 매만지며
언제나 물처럼 흘렀다

지금 나는 마음의 문을 열지 못한다
누가 뭐래도 나의 봄이 더디 오는 것은
흙 속에서 삭지 못하는 내 몫의 두엄이다
뒤적일 수 없는 물꼬를 바라보며
나는 또 울음을 두엄더미에 묻는다

성소聖所에 숨은 꿈이 내게 유효하다
굴절된 빛의 난알이
안개를 헤치며 일어서고

긴 여행에서 돌아와 정박 중인 배처럼
나는 날개 없는 바램으로 하늘에 떠 있다

다시,
나는 거름이다

꽃꽂이

늘 육신의 어디쯤을 잘려야 했어
날카로운 가위 날이 스쳐 지나가면
다시 예리한 발치가 침봉에 찔려
눈빛을 잃지 말아야 했어
질편한 수반 위에 맨발을 묻으면
수시로 드나드는 구름이
사선으로 내려앉았어
내 울타리엔 측백의 가녀린 속살로
스며드는 향기 뿜어내며
벼랑 위의 여린 바람은
낙타의 은은한 발굽소리였어
신비한 물처럼 흘러 투명한 요정이었어
내 세 줄기는 작은 사랑을 둘렀어
꽃봉오리들 화사한 어깨 벙글어질 때
쓰러져서는 안 돼
가장 눈부신 얼굴일 때 그만
잘려나가기도 했어

앉은 자리에서 작은 꽃잎으로 쓰러져
비로소 뜨겁게 침묵하였어

어떤 장날

희귀한 소문이 자주 들락거렸다
시냇물은 바위틈에서 숨이 찼다
나는 이곳을 떠나려 했다

더 넓은 곳으로 갔다
큰 논쟁이 있었다
애써 귀를 막았다
나는 소멸됐다
나는 바람을 껴안고
점점 의미 없는 말투로 기세등등했다
태양이 우시장에서 진노했다
잠잠해지는 바람
나는 나를 가라앉혔다
모란꽃 한 무리 화들짝 피어났다
내 전신이 후들거렸다

나는 드센 바람을 걷어내며
본래의 처소로 돌아왔다
산 그림자 길게 들어와 눕는 동안
나는 상징처럼 푸르렀다

門 앞에서

주님 마태복음 7장 7절 말씀
삶의 문턱이 됩니다
내가 절망에 빠졌을 때
단 한번 펼쳐놓은 성경
광막하게 달려간 말씀 중
첫 눈에 마주한 내게 주신 계시입니다
한 밤 내내 읽어도
기적 같은 일이었습니다
말씀이 지팡이 되어
이제 낙심치 않습니다
꺼지지 않는 불빛이 자꾸만
나를 향해 걸어옵니다
구하고 찾으며 문을 두드립니다
나를 내려놓고 내 아픔을 아시는
주님 발 앞에 엎드립니다
겟세마네동산에 홀로 계신
주님을 생각합니다

떨기나무 속에 불로 오신
여호와를 떠올립니다

불타지 않는
떨기나무의 의미를 생각합니다
모세처럼 불을 받습니다

커피를 마시며

흔들의자가 제자리로 돌아왔다
새하얀 찻잔 속에서
갈색 호수가 열리고
서로의 눈빛을 마주보며
우리는 가라앉은 잎처럼 침묵했다
베고니아 꽃이 붉게 나풀거릴 동안
상파울로의 평원에서 채취한
회색의 김이 흐릿하게 일렁거렸다
자르르 쏟아져 내리는
한 무리의 마른 알갱이가
시간의 물살에 빨려 들어가자
작은 회오리가 반란을 일으키듯 흔들렸다
이들의 느릿한 회로는
몸속으로 뜨겁게 전송되었다
공감의 아우성이 휘몰아치고
혀끝에 이는 여린 물빛이 녹아내렸다
아, 마주하는 평화의 비명
장밋빛으로 슬픔을 끌고 왔다
무료한 한낮을 빠져나가는 아늑한 피로가
피안 행의 먼 여정을 준비하고 있었다

오후 네 시
익명의 종소리가 울리자
미묘한 군침을 일깨우는 가을 향기가
영혼을 풀어내고 있었다

고개를 넘을 때

누가 문 밖에서 서성거린다
'할머니, 이제 금今 밑에
입 구口 붙은 글자는 무슨 자예요?
'글쎄다, 하고 깨어보니
한 사십 년 남짓 키운
여섯 살 난 손자다

넘기 힘든 고달픈 고개
어디 한번 걸차게 넘어
동 솥에서 잘 퍼진 네 몸매 따라
열무김치는 눈 시리게 푸르렀다
매운 열매 물구나무 세워
군침 도는 한 그릇씩 비웠다

초저녁 잠 꿈속에서
풋보리가 山川을 메웠다
못산 못에서 분홍바람이 불어와
이랑마다 물결무늬 춤추면
보리 익는 풍경風景에
산비탈 넘나들던 사향노루

가랑이 찢어진다
나는 종횡무진縱橫無盡 산으로 갔었다

목숨보다 질긴 고갯길 단숨에 달렸다

뱀

허물을 벗어 던지는 것은
온전한 사랑이 아니다

날름거리는 혓바닥과
독이 서린 증오를 버리지 않고서는
네 화사한 꽃 비늘이
꿈이 될 수는 없다

太初에 뿌린 인간의 눈물,

그 무게만큼이나
네 속에 숨겨진 간사한 눈망울은
물빛보다 더 짙은
미물로 흐르고 있다

긴 내장으로 도사린
유연한 땅의 온기를 빨아들여
몸속에 들끓는 음모를
숨길 순 없다

뜨거운 심장이 끌고 가는
날 선 한 줄의 허무가
우주를 뒤흔들며 사라진다

펭귄을 위하여

동물농장의 선홍빛 가슴 지닌 펭귄이 눈부시다 자유를 노리는 도둑갈매기 이웃들이 에워싼 얼음판, 갈매기의 서슬이 시퍼렇다 얼룩물범 펭귄가슴을 숨어서 뜯어먹고 시속 30km의 속도를 내는 물범, 젊은 것들에게 유일한 사랑이다 400km의 속도를 내는 암컷들은 수컷보다 더 빠른 속력을 낸다 일광욕하는 미식가들 곁에서 펭귄들 한껏 목청을 높인다 해안선이 얼면 새끼펭귄들 배영을 익히고 접영을 배우는 젊은 물범들 새끼물범을 잽싸게 낚아챈다 남극의 먹이사슬은 최상의 사냥이다

제풀에 지친 흰곰들 작살을 꽂듯 얼음판 위에 내리꽂히고 암컷의 고리를 물살 밖으로 끌어내는 동안 겨울은 지나간다 따뜻한 기류와 한판 싸움을 벌이는 곰들, 전쟁터는 당당한 젊은 곰들의 전시장이다

존재하지 않은 선홍빛 가슴의 펭귄을 위하여 나는 지금 미지의 땅으로 간다

눈물에 대하여

슬픔이 모여 짜낸 투명한 풀꽃이다
환한 어항 안에 내재된 자유다
가령 한 떨기의 라일락이 피어나
한 치의 가슴에서 우러나는 반어법이다

날렵한 몸매의 마네킹에게 귓속말로 건네고
모달리아니의 달처럼 목이 길어 슬픈 여자
아하 가슴이 답답해져
할머니의 할머니로부터 물려받지 못한 얼굴,
눈물조차도 어쩌란 말인가
나름대로의 슬픔은 있다

달빛, 그리 처량하다 말하는 것은
견우 직녀의 사랑 들끓지 않는가
계수나무가 목을 놓고 있는 것을 보면
달이 눈을 깜박일 때마다 떨어지는,
봄날 꽃잎 지향 없이 진다

혼자서 뜨거워지는 불길은
치솟는 몸부림이다

폭풍 속에서

나는 습관처럼 신호등 앞에 서 있었다
취한 사내가 지구를 움켜쥐고 내리꽂혔다
나는 한 바퀴 공중제비를 돌았다
회색 점퍼가 숱한 날개를 퍼덕이고
길은 진로를 바라다본다
차량들의 비명이 횡단보도에 나뒹굴고
대로가 긴 섬 하나 쏟아냈다
질식한 도시의 창문마다
자정의 불빛 요란하게 흔들렸다
키 큰 포플러나무가 뜨거워지는 동안
남루한 신발 두 짝이
헐거워진 무게를 찾아 먼 길 떠났다
길은 사내의 흔적을 하얗게 지웠다
앰뷸런스가 슬픈 경적을 내뱉고
저마다의 섬이 되었다
바람을 따라나선 밤새가
어두운 집들을 들썩거렸다

사내의 꿈은 쳐진 어깨를 내려놓고
놓쳐버린 손금으로 흐린 하늘을 휘저었다

외과병동

너는 막무가내로 내 진로를 변경시켰다
관여하는 모든 것들이
안으로 슬픔을 삼키고
이미 찾아 든 시행착오의 방향을
가리지 않았다
불안으로 꽉 찬 흐린 눈빛들
어리석은 윤회輪廻를 펴 올렸다
오래된 관념처럼 나를 둘러선
무채색의 생각들이 빠져나가고
너는 어둠 속으로 나를 끌고 갔다
칼날보다 더 예리한 의식이 다시
지친 육신을 흔들며 지나갔다
지루한 늦봄이 불 꺼진 병실을 적시고
흰 벽 저쪽에서 누가 신음하고 있었다
소리는 온갖 불빛을 풀어내어
어둔 하늘에 푸른 길로 떠 있다
세상은 아직 진행 중에 있고
비바람 흔드는 긴 외출은 끝나지 않았다
너는 밤마다 깃발처럼 어지럽게 흔들려
끝없이 하강한다

태풍

1

여자는 꿈에서 깨어 여기저기 전화를 건다
동영상메시지를 발견하고 등줄기에 식은땀이 흐른다
구름을 등지고 되살아나는 침묵이 모서리마다 배어 있다
반지하 단칸방에서 뒤척이는 빗물, 무화가 익는 낮빛에 생채기를 낸다

뒤늦게 당도한 술 취한 사내 덩달아 대문을 나서고, 살을 에는 여자의 한숨이 한겨울 고드름처럼 물구나무를 선다 여자는 아무런 대꾸 없이 빗물보다 먼저 화를 퍼낸다

2

방심放心하는 여자를 눈치 챈 하늘, 재빠르게 채널을 돌린다
더디 찾아온 핼쑥한 낮달이 몸을 떤다
길 건너 빌딩 위에 떠있는 태양은 내가 태어났을 때부터 붉은색깔이어서 풀잎 하나의 태양은 보이지 않는다

공소시효가 지난 뒤 무화과나무 아래로 툭툭, 수련 목 보랏빛 꽃대가 발을 뻗는다

가마니 짜던 날

잣대와 바디가 허공에서 만나면
가로와 세로줄이 어깨를 나란히 한다
바디가 동작動作을 내리치자
잣대는 재치 있게 장단을 가로지른다
한낮의 피로가 이어지는 적막한 봄날
지푸라기들 밤새 꿈을 웅성거린다
한바탕 바람이 댓잎을 뒤흔들면
한숨을 자고 난 가마니는
몇 뼘이 자란다
등불 혼자 지켜주는 밤
영문 모르는 별 하나
야윈 대추나무 이파리에 걸린다
절망絕望이 다듬어준
매끈한 가마니 두어 점
하릴없이 희뿌연 새벽을 삼킨다
허기진 마당에
벼 한 가마니 배 불러오면
하얗게 지샌 울음들로 가득하다
행보行步가 다른 만삭의 달이
사랑채의 수척한 기침소리 엿듣는다

석류알 허공에 걸다

유월의 토담 그늘이 후끈 달아오른다

휘어진 허리선마다
숱한 눈동자가 매달려
육중한 몸을 휘저으며
그윽한 햇살 쏟아 붓고 있다

차마 눈치 채지 못한 가슴
파도처럼 출렁거렸다

묵은 기와지붕
시린 어깨 기울어질 때마다
요동치는 네 선연한 빛깔이
서쪽하늘 물들였다

남으로 난 창窓이 불타오르고
푸성귀의 귓불은
네 그림자에 취해 있다

박새들이 쫓기던 샛길로 초롱 켤 동안

아무도 없는 뜨락에 불 밝혔다

눈부신 平和,
찢어진 깃발을 휘날릴 수 없어
나는 홀로 계단에서 활활 타올랐다

허수아비

아이들은 날마다 나를 흔들어 깨워요

내 찢어진 모자와
벗겨진 팔뚝이 흔들릴 때마다
빈 깡통들이 함께 우쭐거려요
얼굴 없이도 새를 쫓는 나를 보면
아이들은 웃음을 참지 못해요

새들은 나의 스트레스였어요
삼 년 전 죽은 내 할아버지께서는
너무 많은 새 떼를 쫓다가
논두렁에서 미끄러져 관절을 다쳤거든요
조상 대대로 흰옷을 입었어요

요즘은 빨간색 적삼을
차도르처럼 걸치기도 해요

채색 옷 걸친 몰골을 보면
할아버지는 아마 나를 쫓아냈을 거예요
물색 옷들이 바람에 펄럭거리면

아이들은 더 큰 소리로 웃어 제쳐요

내가 팔 벌려 춤추는 날엔
온 세상이 모두 다 큰 소리로 웃어요

갇힌 자유

순간에 묶인 보라색 원피스
바래지 않는
줄무늬 미소가 담겨 있다
애틋한 그해 봄이 홍청거린다
아지랑이가 꽃가지 흔들면
자장암 절벽이 불타고
운제산 느릅바위 숨이 가쁘다
꽃망울 닮은 등성이 솟구치면
자유는 갇혀 있으므로 아름답다

나는 활짝 피었다 진다
젊은 날을 열었다 닫는다
우울한 풍경이
한 송이 꽃으로 피어나
한 다발의 자유를 껴안는다

사진 속 철쭉은 아직
붉은 깃발을 휘날리고
머윗잎 푸르러 별로 떠 있다

설화說話
—어느 시간의 그림자

가시고기에 찔린 여자
상처가 채 아물기도 전
다시 습격당할지 모르는 밤
범람하는 가시고기의 두려움을
깊은 물속에 펼쳐놓고
늘 휘어진 파도를 넘어야 한다

꿈은 사소한 날처럼 흘러가고
다가서는 가시고기의 횡포에 전신을 떨었다
물이 타고 간 갯벌의 바다
수많은 생명의 잔칫집
성난 게들의 광란이 시작된다

황량한 바람에 젖은 여자가 노을로 지고
짓이겨진 뻘 속에서
대못처럼 박힌 상처와
얼룩진 해감을 뱉어낸다
난간에 선 슬픔
견뎌온 여자의 하늘이 성호를 긋는다

십이월을 생각하며

내뱉었던 말과 허물들, 뜰 한구석에 조용히 쌓인다
시간과 사투를 벌이며 알 수 없었던 속내, 부산하던 집의 내력이 시렁 위에 얹힌다
생의 질척이는 길 달려와 등 뒤에 비수匕首 꽂히면, 쓰디쓴 인간의 욕망 섬 하나 내려놓는다

이름을 허락할만한 곳 없어 생각 많은 가로등 하나, 각인될 수 없는 소문으로 수런댄다
하늘과 땅 그리고 바다, 슬프도록 아름다운 계절에는 죄에서 돌아서야만 했다
내 눈 맑디맑은 하늘빛이었을 때, 싸늘한 겨울바다도 문을 연다

멀리 구름 걷힌 수평선이 또 하나의 문을 준비한다

인형을 추억함

나는 가끔씩 인형에게 위안을 받는다
이미 나이가 들어
인형에 집착할 때가 아니지만
네가 곁에 있으면 다만 먼 곳을 배회한다

나는 가끔씩 좋아하는 인형을 만나기도 한다
인형과 함께 놀던 돌담 밑을 떠올리며
못다 한 이야기들을 반추한다
수많은 별이 소곤대는 하늘과
행여 무심한 별똥별의 노래가
왜 지금도 떠 있는가를 생각한다
달빛에 흔들리는 코스모스의 적요와
함부로 서걱이는 댓잎들
초가와 복사꽃이 한 쌍인 이치를 새김질한다
태풍에 쓰러진 두 그루
늙은 살구나무의 찢어진 가지와
머리를 갈라 땋아주시던 어머니의 숨결을 떠올린다

나는 가끔씩 인형가게를 서성이며
이름 없는 인형들을 생각한다

봄의 전령사

몽마르뜨 언덕을 지나
고흐의 잠 속으로 빠져 든다

회색 그림자 끌며 배회하던 꽃길
봉오리들 속에서 박장대소한다
참았던 울분들 뒤엉켜 있다

막 조타실을 빠져나온 비린내가
출어의 깃발 휘날린다

둔덕, 개미 떼 천 개의 집을 지을 때
미로를 빠져나온 달팽이 한 마리
집 떠메고 이사 간다

여울목에서
곤줄박이 새가 거드름 피우는 동안
퉁가리 보쌈 속으로
봄, 퍼덕이며
움트고 있다

2부

좀

무덤 파고들어 빼꾸기 집을 얽어놓았다
빼꾸기의 침묵을 부수고 울음을 부수고
어눌한 둥지 속에서 눈물을 펴 올렸다

몸통으로 기어가다 낌새가 보이면
몸을 말아 올려 죽은 시늉을 한다
참 고요하다 낟알이 움직인다

쌀을 갉아먹은 표정은 없어도
침투한 놈들의 흔적은
가만히 쌀을 저어보면 안다

좀 벌레들이 팔월의 애착을
하수구로 밀어 넣었다
좀들의 궁리窮理가 나방이 되어 날아간다

해와 달을 갉아먹고
세 치의 혀로 부수고,

나는 무게를 두려워하지 않는다

라흐마니노프네 가게

작곡가의 가게는 늘 불이 꺼져 있다
햇살 내리꽂히는 푸른 바다로 가는 것이 꿈이다

에스컬레이터에서 쏟아져 내리는 발자국마다
벽에 걸린,
벨리춤 추는 여자에게 미소를 보낸다
여자들은 환한 엉덩이를 흔들며, 검색의 눈빛을 기다린다
작은 집들은 꿈을 접고, 차곡차곡 누웠다가, 가끔 활짝 핀 꽃무늬로 그늘이 되기도 한다
썬텐을 한 온갖 눈들이 햇살로 빛나고
스카프는 나날이 바람을 그리워한다

판도라 상자 안에서는 추억이 들썩인다
어항의 물고기는 불 속으로 뛰어들고
나팔 부는 사내가 들판 끝에 서서 추억을 깨운다
갈증에 시달리는 사람들끼리 바다로 쏟아지는 그림자를 짓는다

라흐마니노프 계보系譜는 온종일 푸른 하늘을 실어 나르고, 비올라의 외로운 현을 언제나 듣고 있다

보리

사월의 반란이네요
볼프 페라리의 끝 모를 하늘이 내 귀를 간질어요
봄 언덕에서 눈 시리게 푸른 너를 안았지요
뒷재마을 어디쯤에서 풋보리 한 아름 베어들고, 전리품처럼 자주 밭 언저리 맴돌던, 한 소녀를 떠올렸지요
베어낸 가슴에서 반짝이는 흰 별이 쏟아져 내렸어요
겨드랑이에 돋아난 날개를 저으며, 종달새처럼 날으는 꿈을 꾸었지요
끝없이 뻗어나간 밭이랑 따라가면, 눈에 안겨오는 먼 기억들
기차가 나지막이 지나가면, 내 습성은 청보리밭 서성이는 일
몇 평의 하늘 바라보았지요

불안한 봄밤 근처
호수에 나부끼는 그대
바람의 허리춤에서 요염하고,
나는 새파랗게 질린 잔등에서 푸르다

동행

길 가다가 무심코 재채기를 한다
지나가던 아이가 흉내낸다

뒤돌아보면
아이는 뒷걸음쳐서
겸연쩍게 나를 바라본다

내가 빙그레 웃자 아이는
유월에 핀
키 낮은 코스모스 목을 딴다

나는 신호등 앞에 서 있다
누군가 뒤에서 내 어깨를 친다
횡단보도 건너편에서
늙은 석류나무가 바라본다

낮게 깔린 구름이 어디론가 가고 있다

압력솥

너의 심장心臟에 불을 당기면
비장脾臟으로부터 반란을 꿈꾼다
울분이 치밀어 오를 때마다
마침내 끓어오르는 욕망을 채찍질한다
한 가닥 추억도 남기지 않은 채
불타는 열정을 내던질 줄 아는
너의 생애는 매우 평온하다
넘지 못할 빙벽을 무너뜨리고
거침없는 폭죽은 곧 나의 위안이다
예약된 속도를 숨죽인 뒤
눈 같이 흰 무위의 맛을 그려내는
너의 가슴팍은 아늑하다
실눈 같은 사랑을 연주하는
너의 씨앗은 눈부시다
인화될 수 없는 새벽을 불사르며
너의 平和는 넉넉하다
언제나 한 점 불씨를 뜨겁게 품는 그대
잠시 하늘이 열리고
너는 들끓는 분노를 준비한다

몽블랑을 추억하며

우리는 가끔 정상에서 노을을 하직했다
통나무로 지은 작은 요정
적포도주 냄새가 끊이지 않았다
흰 눈이 펑펑 쏟아지던 날도
숱한 눈발 속에서
세모난 샌드위치를 한 입 물고
두고 온 날들을 회상하며 행복했다
모네의 그림이 걸리고
잡담부스러기,
입심 좋은 얘기들이 나풀거리는 곳

벽난로에 불을 지피면
후투티가 다투어 기웃거리고
눈 덮인 산맥이 끝없이 흘러가는 곳
날렵한 스키어들의 머플러가
종횡무진 골짜기를 따라 미끄러졌다
새하얀 눈보라 휘몰아치면
한 뼘씩 산들이 자라는 소리
히말라야시다 서걱이는 적요한 달빛
모닥불 피워놓고 사계절 내내

질펀한 뭉게구름 피어나는 곳

멀리 보이는 융프라우에 노을이 지고 있다

하산하는 새는 그림자가 없다

어눌한 불빛들이 무너져 내리면 절벽을 내려오는 어둠이 굴참나무 어깨에 매달린다 뜬소문처럼 휘돌아나가는 가파른 골짜기가 공중곡예를 하는 동안 여름새들이 곤두박질치고 달빛 적시는 싸리꽃 서럽다 초저녁 별 하나 둘 어깨를 겨누면 너도밤나무 무성한 잎이 수런거린다 큰 길 환히 눈뜨는 산등성이 낯선 벌레울음 한낮의 열기를 식힌다 어둠의 수렁에 빠진 숲이 저물 동안의 느슨했던 이마를 맞대고 저마다 투명한 꿈을 꾼다 침묵하는 벼랑이 미로 같은 길을 열고 휘어진 계단에 산신령의 옷자락을 깔아놓는다 휘청거리는 그림자 언덕을 넘을 때마다 흔들리는 발길이 숨을 고르고 여린 수풀 사이로 적막이 내린다 외곽에 숨어있던 마을이 전조등처럼 흐릿한 기억 하나씩 내건다

가로등이 달아나는 고가도로 눈부시게 피어나는 오로라, 검은댕기해오라기는 환생을 꿈꾼다

오래된 마음

천의 강물소리 들린다
사월은 늘 푸르러
만개한 목련의
웃음 낭자하다
강은 가끔 눈물을 불러 모아
함께 떠나가고
언젠가는 잿빛 모닥불도
강가에서 피어올랐다
물푸레나무에 다가선
달빛 후끈 달아올라
눈먼 하나님은
내내 중심을 이탈한
달빛을 간섭했다
언제쯤 갇혀버릴지 모를
기억상실증 같은 허무 하나
오래된 우물이 되었다
녹슨 언어들은
곳간 밖에서 꿈꾸고 있다

붕어빵

자정 넘어
나는 빵틀을 뒤척이며
외눈박이 물고기를 구워냈다
세 살배기 아이에게
하나 건네주었다
눈 하나 가진
붕어빵 한 마리를
다 먹어치웠다
줄곧 다급한 생각에
수많은 눈들이 스쳐 지나갔다
아이는
새까만 눈동자를 반짝였다
해가 떠올라요
어리광을 부린 붕어의 말이
채 끝나기도 전
아이는 꽃밭으로 달려갔다
꽃밭에는
눈 하나밖에 없는 꽃잎들이
가을 옷을 벗고 있었다

아침에 관한 담론

압력솥에서 희뿌연 새벽이 익는다

이른 햇살 걸머지고
가을로 가는 동안
전자레인지가 설익은 오 분을 삼킨다
가문비 나뭇잎 떨어지고
잘 익은 팔 분이 순간에 달아난다

물방개 느린 걸음에도
초침은 돈다
늘 짙은 아침이 시작되고
비껴가는 그리움이 눈부시다

세탁기가 시간을 소유하는 사이
통돌이는 계절의 바퀴를 굴린다

푸른 이마 쓸어내리는 잎맥들
속삭이는 허공,
단풍들었다

바람 없는 날

나는 차렷 자세가 싫어
나무가 바람에게 건넨다
내 잔가지들 조금씩 일렁여줘
푸른 잎새들 나풀거릴 때
응어리진 마음이
격동激動하여 자유로워져

내가 가만히 서있는 동안
세상은 온통
자물쇠로 잠근 것 같아
들과 바다가 굳은 표정일 때
해질녘 江邊 사람들은
그들만의 사색에 잠기곤 하지
가슴 깊숙이 자꾸만
과꽃을 피워 올리기도 해

갈대밭 속으로
날쌘 그림자 하나 스쳐갈 때,
행여 황새의 하늘이
까무러칠까 봐 그래

너무 세차지 않게
소리를 잇는 대나무의
맑은 영혼으로 날
은밀하게 흔들어줘

오월사랑

붉은 미소 뒤에 하얀 울음 있다

서둘러 누군가를 그리워하며
떠날 채비를 한다
나는 꽃 뒤에 몸을 숨겼다
가로수 은행잎들 덩달아 몸을 추스르며
길 묻는 낮빛에
주름진 햇살이 곱게 얹혀 있다

어버이라는 멍울진 정표
오늘 하루 우수에 젖은 얼굴들
세월이 긋고 간 이마 위로
소리 없는 음률 하나
마음 깊숙이 들어와 눕는다

늘 무심하기만 했던 자리,
슬픈 넋두리처럼 배회하면
회랑 근처 달이 꽂힌 옛 우물가
오월의 창포는 우거질 텐데

빗장 열어놓고
기다림에 지친 관물을 찾아
그 한 시절 목메입니다

거울 앞에서

거울 속에 풍경 하나가 먼저와 앉아 있었다
녹색의 계단에 내가 좌정坐定하는 동안
물구나무선 사내가 뚜벅 뚜벅 걸어와서
하늘을 거꾸로 번쩍 들었다 놓았다
검은 모자 쓴 여자의 목이
슬그머니 나뒹굴어지고
구름을 타고 내려오는 지구가 휘청거렸다
내가 *左右*로 팔을 흔들 때마다
새로운 세상이 태어났다
거울 속의 나는 때로 어지럼증을 느끼고
산 속의 거울은 내게 돌팔매질했다
새의 울음소리가 갇히고
노란 붓꽃이 풍경 속으로 들락거렸다
어린 잎사귀들은 난간을 오르내리면서
깨금발로 키 재기를 했다

나를 내려놓기가 두려웠다
다시 큰 거울 속으로 걸어 들어가자
나무들이 따라 들어왔다
또 다른 내가 그 안에 새겨져 있었다

나를 둘러선 푸른 나무에게
세상 하나 걸어놓고 하산 길에 들었다
붉은 노을이 거울 속에서 목을 꺾고 있었다

큐켄호프의 봄

꽃향기는 네덜란드의 꿈을 실어온다 큐켄호프 공원이 붉은 물결로 출렁이고 '아이의 환상' 이란 꽃마차가 세 도시를 행진한다 음악에 맞춰 신의 현신을 알리는 신호탄이 울려퍼진다 네덜란드는 네덜란드인이 창조했다는 표어를 외치며 꽃마차 하나씩 들어설 때마다 사람들은 환호를 부르짖는다 꽃 모자이크 조형물의 축제 속에 아이들 꿈이 부풀어오른다 저녁 6시 무렵 꽃마차 기다리는 사람들 노란 해바라기 한 송이씩 건네며 연분홍 봄을 나누어가진다 꽃마차 브레이드의 환영과 미소가 흩날리자 밤은 점점 깊어간다 튤립의 마을에 황홀한 봄이 흥청거렸다

박쥐

밝은 세상은 언제나 어둠 저편에 있다

나는 밤이 오면 비로소 눈을 떠서
생의 한 징검다리를 건너간다
가끔 사랑을 연주하는 솔부엉이가
뜨거운 눈빛으로 나를 노려본다
가파른 벽을 타고 오르는 등줄기 위로
이른 새벽이 열린다
샛별이 퍼덕이는 날개 위를 기웃거리면
나는 둥지 없는 한낮의 적막으로 남는다

밤에도 나무는 키가 자라고
나는 캄캄한 세상을 헤엄쳐나간다

잠들어 있던 지붕들이 가슴을 펴면
나는 또 빛의 그늘을 찾아
가냘픈 어깨를 어루만진다

어둠 속에서 나는 환하게 트이는
새벽을 찾아 날아간다

쑥

한 나라가 내려앉는 들판
봄이 무덤을 이룬다
빼꾸기는 날마다
거듭나는 숲을 피해갈 수 없어
아린 문장들을 게워낸다
길이 꽃길밖에 없다
탱자나무울타리가 하얗게 눈뜨고
아지랑이를 서쪽으로 끌고 간다
쇠똥구리가 과다한 봄을 굴리며
길의 전산망을 넓힌다
그대 살을 음미하는 동안
푸른 사랑을 관통하는 슬픔이
낯선 길처럼 고요하다
소외된 자리에서 한 뼘씩 키 자라는 소리,
때로는 절망을 씹다가도
신의 섬세한 옷자락에 휘말려
남쪽 하늘을 바라본다
짓이겨진 몸부림은
낯익은 노을에 실려 떠나가고
입가에 잔해가 맴돈다

엘리베이터

언제나 기다림에 지친 눈빛,
침묵하는 얼굴은 아무도 탓하지 않는다
상승하는 기쁨 위에
하강하는 슬픔으로 하루를 달랜다
네모 안에 갇힌 사랑 부풀어 오르다가
육중한 기억을 새기며 역류한다
거침없는 고공을 향해 달려가는
투명한 유리 밖으로 쏟아질 때마다
세상은 눈뜨는 太陽을
부둥켜안고 승천한다
밤마다 꽃불을 끌어안은
눈 속에 별빛 새기며
천길 지하로 떨어지는 문이 열리면
잠시 스며드는 새하얀 바람 따라
탈출을 시도한다
세상 밖으로 달아나는 길 위로
꿈은
예정된 시간을 떠나고 있다

철거지역

1

밤이면 슬픈 이야기를 별에게 송전하는 산 번지 끝자락 지친 골목이 누워있다 언제 철거될지 모르는 불안한 마음을 상현달이 읽고 간다 낯선 발자국소리 들릴 때마다 긴장한 아카시아 가시를 세운다 블록 담장 아래 허리 휜 노파가 햇살을 끌어 덮는다 녹슨 보일러는 동파되고 거친 삼동이 싸늘한 방에 몸을 눕힌다 여자들의 꿈은 손금처럼 흘러가고 빛바랜 액자 속에는 떠나간 한숨만 남아 있다 문설주에 걸린 달빛 야위어 가면 저무는 별이 등성이에 내려앉는다 건조주의보가 계속되는 동안 늙은 무화과나무 한 그루 마른 어깨 추스르며 밤잠을 설친다

2

한 모금 동백꽃 향기를 비켜가면 좁은 길이 을씨년스럽다 낡은 스레트 지붕 쏟아지는 태양의 입맞춤이 엎드린 페타이어의 무게를 재고 있다 간이화장실 봉인된 자물쇠가 녹슬고 세간살이의 눈빛이 숨결처럼 빠져나가면 쓰레기더미에는 떠난 주인의 무심한 발자국이 쌓인다 목 긴 낮달이 마을을 기웃거릴 때마다 인기척은 비닐봉지 속에서 새어나온다 쓰러진 울타리 옆구리에 구기자 붉은 열매가 수척하다 그해 여름 깨꽃 지천으로 피어나던 밭둑, 잡풀들이 돋아나고 아직 떠나지 못한 창문에는 실타래처럼 얽힌 찬비가 서성거린다 늙은 배롱나무는 흐린 하늘 올려다본다

오월

욕설을 삼가시오! 남루한 햇살은 비켜서세요.

글쎄, 쌍소리에 길들여진 무리들, 씨 씨의 총부리 겨누며
말없는 나무 밑으로 지나가네요.

팻말에 우뚝 새긴 말,
아이의 눈이 오월을 찌르고 있어요.

병아리 떼, 노오란 벨리춤 추며 엉덩이를 흔들어요.

아이가 활짝 피어올라요. 내가 피어올라요.
팻말이 자꾸 꿈틀거려요.

만세소리 하늘 꽃을 피워 올려요.

소리꾼

몸짓과 베적삼이 한 평인 사내가
익명의 바람을 일으킨다
하늘 가는 길목은 찔레꽃 천지다
만장이 일어서고
모든 음표들 침묵할 때
나는 하얀 향기를 껴입고
귀향길에 든다

가녀린 춤사위가 슬픔인 사내,
한 생애 여린 자락 일렁인다
사람들의 눈이 섬광처럼 빛나고
발끝, 어깨로 딛는 전율이 허공 들썩이면
오색 불빛 회오리친다

가락은 황하의 기슭에서 길을 잃어
잎차가 담긴 시간을 예약한다
잠시 주춤거리던 바람
머물러있던 길을 벗어나
어디로 떠나는 것일까
떠도는 어둠이

뒷골목으로 빠져나간다

소리는 다시 점멸하는 별자리를 찾아
높새바람 이는
김제 만경벌판으로 가는 중이다

자주감자

무수한 눈으로도
아린 눈물
다 쏟아 놓을 수 없다
산이 높아
별의 눈짓으로
머나먼 강 흘러 보낸다

아직 가을은 먼데 서둘러
육신肉身이 붉어지는 것은
너무 짙은 그리움 때문이다

베면 알토란 같은
핏방울 떨어져
벗은 몸매는 달빛이다

허기 한 사발 베어 먹은
옹이진 자국,
묻어나는 보랏빛 서러움을
가슴에 담는다

떡갈나무

세상의 한갓진 이름들
오후의 낙서처럼 비를 맞는다
비가 되어 흐르는 모든 잎들
은회색 하늘 향해 치솟는다
뿌리가 접어 올린
네 날렵한 잎맥에서
튼실한 심장 소리 듣는다
변방에서 불어오는
참선하는 바람 앞에 눈빛 푸르러
세상 한 모퉁이 밝아온다
빗방울 스쳐가는 숨소리에
내 낡은 비유들 들춰보면
고군분투하는 새소리
허공을 날아오른다

처연한 가지들의 섭리로
내 서늘한 곳간을 채운다

그때

국어선생님은 나를 산골아이라 불렀다

봄이 오는가 하면 가을 오고
겨울이 오는가 하면 여름 오고
앵두꽃 피는가 하면 국화꽃 시들어
생각의 노정路程 깊어져

산골아이는 지금,

간드러지게 맑던 그 개울이 마르다

3부

하물며, 나는

두 평 남짓의
마당 있는 집을 샀어
개밥그릇도 함께
두서너 개 샀어
사철 분위기를 낼 작정이었어
이 가을엔
하늘 소묘를 담아야 했어
황혼녘엔 노을빛을 담고
컹 컹컹
개 짖는 소리도 담아야 했어
뜨거운 사랑에 감염되어
눈과 꼬리가 사뭇 황홀해졌어
뜰의 군락들이
개집 주위를 바스락거렸어

하물며, 나는
저녁 어스름과 친해지려고
두 팔 벌려 그댈 껴안았어
내 가슴 폭만큼 어둠은 스며들었어
낮고 은밀한 건반처럼 속삭였어

계원리 一泊

희망횟집은 밤새 파도소리로 들떠 있었다
나는 창가에 감자 몇 알 얹어놓고
자정이 지나도록 파도소리에 취해 있었다
칭얼거리는 바다를 향하여
감자 하나씩을 던졌다
그믐밤 물살은 별마저 적시고
반짝이는 불빛이 수평선을 가르며
어선인 듯 하염없이 가고 있었다
밤이 이슥해지자 한 무리의 떠돌이들
물속에 뛰어들어 어둔 바다를 건져 올렸다
성게를 잡아다 페트병에 담아
나는 모처럼 용궁의 치기를 느꼈다
하얀 파도소리에 맞춰 수숫대가 서걱이고
고구마 순이 뻗어갔다
해일은 그해 여름의 水位를 능가했다
빈 배들은 고물을 당기며
우두커니 방파제만 내다보고 있었다

날이 밝자 東海는 열광의 작은 섬들을 내뱉고
나는 밤새

마구 쓸어 담은 물이랑의 거품을 걷어내며
소라의 남은 영혼으로 허기를 메웠다

어머니의 가을

하나 둘 유품들을 들고 나섰다
떠나는 사람들이 웅성거리고
세간들 사이로 야윈 바람이 지나갔다
빈집 처마 아래 불온한 그림자 서성이며
어머니 영정을 바라보는 동안
나뒹구는 얼김 채가 얼기설기 엮여
앙증맞은 가슴을 두드렸다
나는 조심스레 슬픔 하나를 집어 들었다
먼지를 털어내고 모과나무 아래 서 있었을 때
오래전 무명옷 차림의 어머니는
천천히 얼김질을 하고 계셨다
타작마당으로 걸어 나오면
초췌한 두 눈이 빨랫줄에 걸려
푸른 하늘을 두리번거렸다
나는 눈길을 돌려 치자열매를 바라보았다
잠시 혼절한 낡은 잎들이 내려서고
숲에 박새울음 걸려 있었다

싸리구름이 저 혼자 떠도는 당산 중턱에서
언제나 그리운 목소리가 들렸다

설악

산줄기가 떠나보낸 여울에
活火山 하나 일어선다
물소리 위에 떨어지는 핏빛 봉오리
소슬한 옷자락 펄럭이면
불타는 골짜기가 침묵한다
능선에 물든 눈부신 나무들
칡 넌출을 껴안으면
비탈길은 제안의 분노를 가라앉힌다
산굽이 돌아가는 그림자 흔들려
길 위에 길들이 지층을 이룬다
하릴없이 짓붉은 그늘을 드리우면
계조암 풍경에 걸린 파도자락이
오색의 물보라를 이고 있다
탁본拓本한 마음 하나 기억을 되살리는 동안
불기둥 치솟는 하늘 한 채 서성인다

메마른 결별, 이젠
몸체 거대한 울산바위만 허공에 치솟아
권금성 낮은 이마를 어루만진다

그 바닷가에는

어디쯤일까
海風이 모래성 끌고 간 자리
저만치서
하얀 치자꽃 그리움
넘실 떠다닌다

밀물에 쓸려드는
그늘을 짓던 달빛,
성성했던 그림자 늙어가고
해답의 잔해는
水平線에서 저문다

깊이를 잴 수 없는 파도소리
한 줌 싸늘한
기억으로 떠돌다 가면
쓰린 기러기울음
바램의 언어들을 삼킨다

그 바닷가에서 아직
시월의 별똥별이 지고 있다

유천강 음유

붉은 잠자리가 빈 빨랫줄을 퉁기고 있다

유천강 줄기 따라 가을이 오고, 할머니의 외로움이 벽지처럼 낡아간다
닳아진 흔적이 유리알처럼 반짝이고, 광 속에는 팔려갈 산나물이 천정에 매달려 대보름 장날 기다린다
녹슨 농기구들 엎어져 아우성이다
동솥은 금이 가고, 아궁이 잡풀들 거미줄 타며 불꽃인 양 너울댄다
찧어대는 절구통 가슴 차올라, 타랑산 향해 몸체 기운다

개밥그릇 감빛으로 물들고, 성가시게 했던 생쥐들 세간 들춰보며 어두운 뒤란으로 사라진다

뒤뜰, 수척한 봉창이 강가에 널어둔 누런 나락 저으며 목쉰 소리 흐느낀다
유천강물 산 그림자 받아 삼키자, 눈먼 별 밤을 비튼다
막차는 좀처럼 오지 않고, 산 밑 작은 마을 달빛이 일어선다

단양 지나며

우람한 산이 어둠을 밀어 올리는 동안
저무는 강둑을 서성거렸다
회항하지 않는 돛배의 이물에
들뜬 밤새들 시름을 풀어냈다

물든 아카시아 이파리에
스산한 찬비가 들이치면
산굽이마다 짙은 안개가 골을 이뤘다

돌아오다 도담삼봉에 짐을 풀고
금수산 아래 가을을 베고 누웠다

눈부신 나라, 붉은 혁명이여
네가 정점에서 머물 때
내 그늘이 짙다고 말하지 마라

초록이 발효한 침묵에
한 숨을 가필하면
선율처럼 타오르는 시월의 무정란,
물빛 바람결에 혼을 날려 보낸다

그 여자의 바다 1

그 여자의 눈 속에서 붉은 파도가 넘실거렸다 막무가내 한 말투가 떨어지기 바쁘게 꼬리를 잡고 비뚤어진 햇살을 집어던졌다 연이은 유행가 가락은 바다 사람들의 스트레스였다 거친 시선들이 몰려와 그 여자를 매도했다

바다는 가슴이 하얀 갈매기들로 꽉 차있었다 그따위 감상주의는 필요치 않다며 새를 쫓아 울먹였다 바닷물이 그 여자에게서 달아나고 사랑 받던 새들은 고개를 모로 저었다 여자는 한 사내에게 푸념을 내뱉고 환상에 젖은 한이 시퍼런 바다 위의 파도로 날이 섰다 파래는 겁에 질린 듯 떨고 있었다

바다를 향한 그녀가 거품처럼 일면 어처구니없는 여자들은 싫다며 소리쳤다 그 여자를 아무도 헤아릴 수 없었다 밤이 되고 새 날이 되었을 때 바다의 발치에서 그 여자가 범람하고 있었다

그 여자의 바다 2

여자는 날마다 파도 속에서 자맥질했다 수많은 돛단배들은 거들떠보지 않았다 화가 치밀어 오른 그녀의 검붉은 치맛자락 펄럭이고 오지의 바람은 하늘이 쉬었다 갈 틈 없이 성난 물결만 출렁거렸다 중얼거리는 여자가 수평선에 닿으면 쉼 없이 와 닿는 파도소리, 낚아채버린 공허한 가슴이 넝쿨처럼 뻗어나갔다

바다는 운명처럼 여자를 휘감고 돌았다 헤어날 수 없는 처절한 울음, 바닷새들이 함께 목청을 높였다 누군가 불릴 때마다 물보라의 수위가 높이 출렁거렸다 멀리 큰 어선의 불빛이 반짝이면 여자는 미친 듯 소리쳤다 자정이 넘어서자 여자의 광기가 서서히 가라앉았다

겨울바다를 성큼성큼 걷는 여자의 발등에서 푸른 잎새들이 무성하게 돋아났다 갇힌 여자가 흐느꼈다

그 여자의 바다 3

한바탕 태풍이 휘몰아치고 산더미 같은 파도가 밀려들었다 거룻배의 난간을 잡고 여자는 소실점에서 몸부림쳤다 슬픔이었다 포말이 밀려드는 물결 한가운데서 모처럼 적요의 시간이었다 다시 거친 소나기가 여자의 귓불을 내리치자 수 세기를 산 듯한 여자의 눈앞에서 어린 아이들의 돌팔매가 심술궂은 바다를 갈라놓았다

푸념처럼 허우적거리는 하늘이 낮도깨비 같은 해를 내리비췄다 수심을 헤치고 나오는 동안 물고기 떼가 여자의 목덜미를 잡고 늘어졌다 헤라클레스는 여자의 목숨을 도외시하며 옷자락을 잡아당겼다 혼신을 다해 육지에 다다랐을 때 함몰된 바람이 등짝을 후려쳤다 젖은 옷자락 만지작거리며 바다에 눈물 한 채 건네주고 또 비애를 뿌리치지 못했다

여자는 맨발에 차이는 따끈한 모래알의 나날을 헤아린다 선불리 살아온 길목에서 전생의 흔적들이 회한의 불빛으로 차올랐다 여자는 음각으로 새겨진 황무지를 따라 가뭇없이 떠나고 있었다

홍도 꽃

혜성처럼 번져가는 꽃 반점들
등이 휘어 아린 꽃이여!

해종일, 나는
구름 위에 퍼질러 앉아 들끓는 마음,

무작정 꽃 터지고 싶어라

전시장에서

캔버스 속에 나무의자 하나
적막처럼 앉아 있다
창밖에는 하늬바람 불어오고
하늘 끝자락
허리 굽은 은사시나무 가지에
티티새 한 마리 좌선하고 있다
막힌 실크 커튼을 뚫고
여자는 빈 의자와 내통하고 있다
좀처럼 친숙해질 수 없는
침묵 떨치며 오후의 햇살 기웃거린다
여자의 긴 그림자가
빈 의자 위에 걸려 있다
인기척을 느끼며
눈빛이 움직이기 시작한다
굳게 다문 입술은 공기처럼 스며 있다
유리창 너머 바다 한 자락 걸어오고
다만 단호하게 홀로인 그대
섬 언저리에는
일천의 말들 가득 차오른다

문주란 필 때

하얀 깃발 뽑아 올리자
유월이 고즈넉이 내려앉는다
짙푸른 잎사귀에 강물이 흐른다
소복한 달빛이 잠든 너의
어깨를 기웃거리는 동안
담쟁이 넝쿨이
튼실한 아랫도리를 휘감는다

너는 모하비사막에서
서북풍이 불어올 때쯤
벌판에서 말을 달렸다
휘몰아치는 바람결에도
비단 같은 숨결을 뿜어내며
한 밤 내내 모래톱과 속삭였다

산 노을이 꿈을 퍼 나르며
달빛에 불어터진 꽃잎들의
울음을 달랜다
전쟁의 고통처럼 여겨지던 언어들은
행간을 채우지 못한다

적의 바람은 등고선에서
우울처럼 미끄러져 내리고
검은 하늘을 토해낸다

나는 잎 지는 그늘에 앉아
회양목처럼 펄럭이고 있다

강구바다

강구에 내리는 비가 덕장을 적신다

나는 십이월의 한 모서리에 앉아
물살을 차고 오르는 새를 바라본다
동진호의 이물을 되새기며
출하를 기다리는 깃발에 취해 있다
마음 한구석을 다림질하며
펴지지 않는 구김살 위로
텅 빈 선착장이 배를 불러 모은다
월포리로 이어지는 오십천
몰려든 갈매기 떼 움츠린 목덜미 서늘하다
게들의 투명한 껍질로 물든 포구
파도가 밀려드는 언덕으로
제방을 덮치는 하얀 물보라,
시비에 새겨진 파도소리에는
심해 안 슬픈 눈이 불현듯 왔다가 사라진다
해당화 마른 열매 몇 스산한 등불처럼 흔들리면
하루 내내 칭얼거리던 하늘이
칠포 가는 바다에 무지개를 꽂는다

나는 적막한 다리에서
황홀한 빛 하나 건져올린다

낙산사에서

부글거리는 내장을 드러내고
광란하는 바다
폭음처럼 들끓는 물살에도
절 집은 고요히 참선에 들어 있다
바위에 제 몸을 찍어대는 파도
다시 말없이 되돌아가는 슬픔을
종소리에 실어 보낸다
별은 머리 위에서 반짝이고
흑암의 수평선은 죽음처럼 적막하여
점 하나로 남은 육신은
그윽한 염불소리에 스며든다
광활한 세상 앞에서
숙연히 자정의 돌계단을 오르면
지난겨울 어느 날 불탄 소나무
오체투지의 밤을 지키고 서서
수난의 슬픈 기억들로 재생을 꿈꾼다
붉은 산 하나 무너져 내리는 아침
숨 거둔 바다가 잠시
금강역사를 만났다 가고
금빛 물결로 되살아나 홍련암 물들인다

장엄한 신어대의 행렬 따라
등에 짊어진 가람 한 짐
먼 허공으로 날아오른다

사소한 추억

오래된 시집을 읽는다
흰 벽 위에 옛 그림자 서성이고
희미한 발자국 돋아난다
빗금 그은 행간마다
벌어진 관절이 삐거덕거린다
낡은 무늬들 갇혀
고갈枯渴된 육신,
비명을 안으로 삼킨 핏빛 울음과
멈춰버린 굵은 잎맥 사이로
가녀린 뼈들이 기지개처럼 누워 있다
시간은 바삐 비켜갈 뿐
온전한 불빛은 없다
나는 책갈피의 냄새와
작은 소리들의 오랜 흔적을 씹고 있다
구부러진 상흔傷痕이
여러 갈래의 길을 끌어안으며
밤의 흐린 불 속으로 달려온다

하늘 어디로도 연결되지 않는
자유하지 못한 무덤 하나
내 안에서 서식한다

농월정

마애사에서 바라보는 벼랑
빗속에서 잿빛 용이 기어오른다
인적 드문 마을이 안개를 뒤집어쓰고
차창에 굵은 비가 을씨년스러워
시목마을에서는 과일이 타오른다
다리를 건너서자
휘어지는 자귀나무숲에서
늙은 기둥이 일어선다
황석산 산책로가
골짜기의 푸른 동공 속으로 빠져들면
그해 겨울의 통증이 일어선다
떠도는 강아지풀 정적이
오솔길에서 꿈틀거린다
내통한 죄를 묻는 듯
가쁜 숨결마저 잦아든다
나는 자귀나무 꽃그늘에 앉아
느륵바위 흐르는 물길의 내력을 듣는다
아귀를 맞추다 못해 쓰러진
절벽의 옆구리에서
구절초 피었다

꽃물 든 여자

알알이 여문 방 안에서

발효된 기억 하나 동여맨다

몸짓 붉은 수다가 여름 한 철 넘나든다

얼룩진 자리 밤이 흐느끼면

홑겹에 사무친 핏자국이

깊은 수렁에 빠져든다

머금은 울음에

봉숭아의 선연한 미소

나는 꽃물 든 여자 곁에서

잘린 그리움, 이음새 다듬는다

봄 소문

떡갈나무 뿌리가 결백한 꿈을 밀어 올리면 날카로운 겨울은 허물을 벗었다 골짜기에 잔설이 포물선을 그릴 때마다 햇살이 정오를 관통하고 물든 늦겨울의 애틋한 울음, 하루의 흔적을 지웠다 서슬 푸른 낫이 새벽을 자르면 상수리나무들 파도소리를 내었다 넘실거리며 줄타기하는 산봉우리 강의 수위를 넘어서고 나는 희뿌연 가로수를 배회하며 꿈을 실어 나르는 나룻배의 근황을 물었다 어디선가 포레의 즉흥곡이 흘러나오고 달라진 제 모습을 바라보는 언덕 역한 바람은 자정의 정수리를 가로질렀다 그대 푸른 기세가 시들어가는 마지막 숨결로 남아 있다 서북쪽에서 불어오는 바람은 조간신문처럼 온갖 풍문으로 휘몰아쳤다 아린 비명소리 들려오면 흙의 온기가 발아래 묻어오고 불멸의 힘 솟구쳤다 허망에 기대어 허덕이던 풀꽃들 발길의 여린 행간 채우면 봄, 다시 등성이를 오른다

정동진

삐걱거리는 새벽바다의 관절들은
바코드 없는 커피 한 잔씩 날라 온다
검은 살갗에 점차 흙빛이 도는
광활한 물살의 가슴팍은
마침내 거대한 커피의 육괴肉塊를 부은 듯
아늑하게 출렁이며 밀려온다
열심히 어둠 속에서
낙엽 타는 냄새를 날리며
머언 수평선에서
다가서는 속삭임에 아랑곳없이
기차는 긴 여운을 밟고 지나간다
이른 아침 눈뜬 산들은 소박한 아침 잔치에
봉안한 흰 구름 한 송이씩 띄우고
둥근 햇살을 포효咆哮하듯
화사한 희망에 실어 보낸다
번요한 도시의 변두리에서
길은 시화호처럼 흐린 매무새로
낙엽의 흔적을 지우고 돌아선다
도처에서 일어서는 물결 따라
더욱 짙은 커피의 그림자가 휘몰아친다

연꽃 있는 風景

작은 수은등이 연잎의 난간을 굴리자
애벌레처럼 몸을 뒤척이며
나는 물가에서 한 잔 차를 생각했다
조금씩 안개 속으로 라벤더의 농도처럼
노오란 빛깔이 발돋움하고
연밥의 둘레에서 피어나는
너의 수줍은 몸매를 떠올렸다
먼저 트인 하늘이 사는 법을 일러주면
짙푸른 연잎 펼쳐든 한 손에
나는 가끔씩 빈 잔을 들고
연밥 하나를 새로 일구며
분수처럼 솟구치는 물소리를 들었다
빗줄기 쏟아져 물갈이 중인 세상은
때로 따스한 차 한 잔으로
홍련 한 송이 피워내는 꿈을 꾸었다
황량한 길 위에 외로운 육신 내려놓으면
봉인된 태풍 속에 젖어드는 라벤더 향이
내 지친 삶을 어루만져 주었다

나는 젖은 서방정토를 눈짓하면서
차 한 잔의 자유를 들이켰다

● 해설 ●

존재와 현상의 원근법
-안유정의 시세계

하현식(시인 · 문학평론가)

1

안유정의 시에는 존재와 현상 그리고 언어의 문제가 공존하고 있다. 존재의 문제는 형이상학적인 관점의 거대한 철학으로 접근하기보다는 언어의 묘미와 맛과 질감으로 드러난다. 현상적인 문제도 현상 자체보다는 언어적 정서와 관계성을 통해서 구현되어진다. 그러한 의미에서 안유정 시학의 근간은 주제나 의식의 문제에 매달리기보다는 어떻게 표현되어지느냐 하는 방법론적인 특성을 지니고 있다. 의미에 앞서서 표현에 깊은 관심을 표명하고 있다. 즉 사상보다는 감정 또는 생각보다는 느낌에 경도됨으로써 상상력과 감수성의 특장을 지니게 된다.

기실 시는 상상력의 산물이어야 하고 감수성의 대기에 기대어 그 성과를 고양하기 마련이다. 이러한 기준은 결국 안유정의 시 작업이 시의 정도를 관통하고 있다는 정평을 듣기에 적합하다 할 것이다. 이는 결국 시의 구속력은 언어로서 판가름되며 언어적 기능과 작용에 의거하여 성취된다는 대의에 상응한다. 그러므로 안유정 시학은 존재와 현상에 집념을 가지지만 언어의 연금술적 기능으로 관념에 기울어지지 않고 시가 요구하는 형상화의 준칙을 잘 고수하고 있음을 볼 수 있다.

2

앞에서 안유정의 시편들을 존재와 현상 또는 언어적 관점으로 분석한 바 그 첫 번째는 존재의 가치에 기반하고 있음을 깨닫게 된다.

> 염소에게로 가서
> 충혈된 눈을 직시했다
> 잊을 순 없다고
> 다시 벚나무 아래로 가서
> 꽃잎들이 하르르 나는 것을 보았다
> 연분홍 즙을 내 눈에 밀어 넣었다
> 너의 약한 부분은 눈물이야
> 내 눈동자를 맴도는 갑각류의 저 꽃잎들

잡념을 버리려고
비파나무 아래 서 있었다
길을 걸을 때도 그림자처럼 따라다녔다
짙푸른 잎들이 동시에 함성을 지르며
머릿속에 풍장을 깔고 내려앉았다

백지에다 펜을 들이대자
자음子音과 모음母音이 쏟아져 나왔다
나는 옷장에다 자유를 가두고 불을 껐다
검은 안대를 한 벌 떼들이 와글거렸다
다시 불을 켜고
나는 매서운 눈빛으로
덜된 평화를 쏘아보며 절망했다

불안한 행복이 서서히 자리를 잡으면
절제된 언어들이 문맥을 두리번거렸다
푸른 달이 유리창에 홀로 떠 있었다

―「관념론」 전문

전 4연으로 된 이 시편은 안유정의 시적 성향을 인지하는 데 가장 대표적인 예가된다. 그리고 존재와 현상과 언어의 관점들이 뒤섞여 안유정 시학의 특성을 드러내고 있다.

가령 1연의 〈염소〉와 〈꽃잎〉, 2연의 〈비파나무〉, 3연의 〈자음과 모음〉, 4연의 〈푸른 달〉이 일련의 존재적 가치로서 등장한다. 이들 존재들과의 관계성이 현상으로 빚어지고 있다. 이들 존재들이 빚어낸 현상은 물론 실제성의 지평에 놓여 있으나 관계성을 통해서 약간씩의 변화를 보여준다. 이 변화의 핵심에서 시를 발견하되 독특한 현상적 의미를 야기시킨다. 게다가 3연의 언어적 관점은 4연의 총체적 의미론으로서의 〈언어〉에 연결되어 안유정적 개성의 의식을 이룩하게 된다. 돌아가서 〈염소〉의 동물성과 〈꽃잎〉의 사물적 특성은 전혀 의미상의 상관성을 지니지 않는다. 다만 〈약한 부분〉인 〈눈물을 통하여 시인 나름의 의미망이나 현상성을 암시할 뿐이다. 2연의 〈비파나무〉의 존재성은 단독적으로 〈그림자처럼〉과 〈풍장〉을 제시함으로서 존재의 기능을 현시한다. 불투명한 의식의 상태가 지닌 삶과 죽음의 문제에 도달되어진다. 3연의 존재의 문제보다 현상의 문제에 더 집념하고 있다. 의식의 흐름이 지닌 초현실적 상관성으로서 〈자유〉와 〈인내〉와 〈평화〉에 대한 자기의지를 피력하는 것이다. 4연에서는 〈불안한 행복〉과 〈정제〉된 언어의 역설적 관계에 의해 시인의 의도가 암시된다. 그러나 〈푸른 달〉이 발산하는 정서적 가치로써 화자의 〈불안〉과 〈정제〉가 융화되는 결론에 도달된다. 안유정의 시의 대의가 궁극적으로 정서에 닿아 있음을 강조하는 예인 것이다.

> 무덤 파고들어 뻐꾸기 집을 얽어놓았다
> 뻐꾸기의 침묵을 부수고 울음을 부수고
> 어눌한 둥지 속에서 눈물을 퍼 올렸다

몸통으로 기어가다 낌새가 보이면
몸을 말아 올려 죽은 시늉을 한다
참 고요하다 낟알이 움직인다

쌀을 갉아먹는 표정은 없어도
침투한 놈들의 흔적은
가만히 쌀을 저어보면 안다

─「좀」 일부

이 시편은 전 6연으로 구조화되어 있거니와 제재의 특수성이 흥미롭지 않을 수 없다. 하나의 존재로 기여하면서도 존재로서의 외양은 파악되지 않으면서 존재성이 야기되는 점이 시적 깊이를 진작시키게 된다. 존재와 비존재의 관계 속에서 존재성을 과시하는 특징이 시를 있게 하는 것이다. 〈참 고요하다 낟알이 움직인다〉는 진술에서 제재의 현상성을 잘 드러내고 있다. 〈흔적〉이 모호하여 〈쌀을 저어보면 아〉는 존재의 애매성에서 시적 성실성을 발견하게 되는 것이다. 〈좀〉 자체에서 한층 비약하여 〈세 치의 혀〉로 〈부수는〉 인간적 요소까지 포괄함으로서 세계의 의미를 확보하는 의의에 놓여 있음이 돋보인다. 특히 말미의 〈무게를 두려워하지 않는〉 존재의 신비성으로써 시적 화자의 사물에 대한 애정과 정신이 명료해지는 것이다. 그리고 시인의 세계에 대한 통찰력이 얽힌다든가 치밀하다든가 하는 분석이 가능해진다. 단순한 존재의 발견 내지 구속력이 아니라 인간화의 차원으로 끌어올려 언어적 묘미에 닿아 있으면서 풍자와 해학성을 살려내는 재미를 드러내는 특장을 느끼게 된다.

역사는 결코 거대한 형체와 행동으로만 이루어지는 것이 아니라 지극히 미세하고 초라하면서도 불가시적인 작용에 의해서도 성취된다는 의미의 확대 내지 축소지향의 의미설정을 피부로 감지케 하고 있다. 지극히 왜소한 존재성을 살려 우주와 세계를 설파하는 경계를 간과하지 못한다. 그리하여 새로운 존재성을 창출하고 세워나가는 원리를 이 시편은 보여주고 남음이 있다 할 것이다.

3

안유정의 사물에 대한 현상적 접근은 그것이 시간이든지 공간이든지를 불구하고 따뜻한 시선과 해맑은 정감으로서 더욱 돋보이게 된다. 애상적이라거나 비극적 정서를 일체 배제하고 사물 내지 세계에 접근해 감으로써 긍정적 인식과 희망적 이상을 배태하게 된다. 이 시인이 지니는 원초적 긍정정신과 기독교적 기반에서 비롯된 것임을 간과하지 못한다. 예술의 비극미를 일종의 교조적 자세로 받아들이는 시선들에서 죽음과 멸망 또는 전쟁과 파괴의 약점을 보게 된다. 그러나 이에 대한 반대급부적 인식 내지 의식이야말로 안유정 시학의 강점과 개성을 진작시키는 의미를 지니게 된다. 이는 어느 한 편의 시에서만

이 아니라 전반을 통해 정착된 특징이라 하겠다.

작곡가의 가게는 늘 불이 꺼져 있다
햇살 내리꽂히는 푸른 바다로 가는 것이 꿈이다

에스컬레이터에서 쏟아져 내리는 발자국마다
벽에 걸린,
벨리춤 추는 여자에게 미소를 보낸다
여자들은 환한 엉덩이를 흔들며
검색의 눈빛을 기다린다
작은 집들은 꿈을 접고 차곡차곡 누웠다가
가끔 활짝 핀 꽃무늬로 그늘이 되기도 한다
썬텐을 한 온갖 눈들이 햇살로 빛나고
스카프는 나날이 바람을 그리워한다

판도라 상자 안에서는 추억이 들썩인다
어항의 물고기는 불 속으로 뛰어들고
나팔 부는 사내가 들판 끝에 서서 추억을 깨운다
갈증에 시달리는 사람들끼리
바다로 쏟아지는 그림자를 짓는다

—「라흐마니노프네 가게」 일부

이 시편은 대상의 청각적 시간을 시간적 공간으로 환치하는 데서 시적 깊이와 묘미를 진작시키고 있다. 비교적 이 시인의 역량을 간파할 수 있을 만큼 시적 구조와 제재의 활용이 치밀함을 엿보게 된다. 이른바 이미지의 효용성이 시에서는 어떻게 기능하는가를 짐작케 하는 동시에 시가 어떻게 경영되어야 시적인 보편화를 가능케 하는가를 잘 알고 있음을 알려준다. 이 시에서는 〈가게〉가 하나의 공간으로 제시되는 것과는 달리 무한한 음악적 시간을 나타냄으로써 시적 이벤트를 풍성하게 열어가게 된다.

〈불이 꺼져 있는〉 공간적 암울함으로 시작되는 도입의 설정은 〈푸른 바다로 가는 것이 꿈〉인 비전으로 지향되어 음악성의 전개 내지 연주내용의 윤곽을 드러낸다. 〈바다의 꿈〉은 음악성의 궁극적 목표이며 아울러 시가 요구하는 미적 가치의 전부이기도 한 것이다. 그리고 〈에스컬레이터〉 와 〈발자국〉으로 비유되는 소리의 진원을 통해서 미적 의의를 강화할 뿐 아니라 〈벽〉의 〈무희도〉를 통한 미적 이니셜을 제시함으로 공간이 지닌 시간의 배면을 피력하게 된다. 따라서 〈여자와〉와 〈작은 집〉의 전환을 통해서 음악의 상승요인과 침잠의 미학을 구축하는 것이다. 특히 의인화의 묘미를 살려 〈집들이 몸을 접고 눕는〉다든가 〈꽃무늬〉와 〈머리칼〉로 내밀화함으로써 상상력의 극치에 다가가는 것을 볼 수 있다. 〈썬텐을 한 눈물〉도 그러하지만 다시 〈햇빛〉으로 전환되는 공간성을 시간화하여 한 작곡가의 무한한 예술적 지표를 구체화한다. 뿐만 아니라 제재의 근사치에서 드러나는 시적 상상력의 확대에서 시에서의 미적 깊이와 높이와 넓이를 노정하게 된다. 〈추억〉과 〈물고기〉와 〈나팔수〉와 〈바다의 그림자〉로 이어지는 현란한 이미지의 전이에서 시란

무엇이며 이미지의 예술적 투사가 어떻게 시로써 생성하는가를 잘 드러낸다. 작곡가의 〈푸른 하늘을 실어 나르는〉 작업은 또 언어를 통한 시인의 형상화의 몸짓임을 부각시킨다.

압력솥에서 희뿌연 새벽이 익는다

이른 햇살 걸머지고
가을로 가는 동안
전자레인지가 설익은 오 분을 삼킨다
가문비 나뭇잎 떨어지고
잘 익은 팔 분이 순간에 달아난다

물방개 느린 걸음에도
초침은 돈다
늘 짙은 아침이 시작되고
비껴가는 그리움이 눈부시다

세탁기가 시간을 소유하는 사이
통돌이는 계절의 바퀴를 굴린다

푸른 이마 쓸어내리는 잎맥들
속삭이는 허공,
단풍 들었다

—「아침에 관한 담론」 전문

〈압력솥〉의 기능을 통하여 세계의 현상과 꿈과 비전을 보여준 시편이다. 주부다운 적확한 발상으로 일상적 현상과 동시에 시적 화자의 이데아를 펼쳐 보인다. 전 5연의 구성을 통하여 〈제재〉의 총체적 기능과 이에 병행되는 시간의 전개와 그 특성을 나열하면서 나열의 단순성을 뛰어넘어 우주의 변화 내지 초현실적 작용을 그려낸다. 〈새벽=밥〉이라는 등식이 절묘한 비유적 장치로 빛을 낸다. 은유적 구조의 가장 적확한 설정이 한결 시의 맛을 깊게 하고 높여준다. 그리고 2연의 〈설익은 오 분〉과 〈잘 익은 팔 분〉을 대비시켜 제재의 기능이 자아내는 일반적 의의와 동시에 상황의 적정성을 고취하고 있다. 또한 3연의 〈물방개〉와 〈아침〉과 〈그리움〉이 전혀 이질적 언어가 동일 연에 배열되어 각기 불협화음의 신선감과 하나의 주제에 통일되어지는 것을 볼 수 있다.

〈물방개〉의 자연적 요소는 〈초침〉의 시간성과 결연되어 미약하나마 동적 이미지를 구현하게 되고 그러한 공통적인 인식이 〈압력솥〉의 의의에 조화되어진다. 그리고 〈짙은 아침〉의 〈짙은〉이 풍기는 질박감은 궁극적으로 미각적 요소와 후각적 역할까지도 해내고 있다. 〈아침의 시작〉은 곧 밥 짓는 일로 상응하여 드러낸다. 비유적 번득임을 활착시키고 있다. 〈비껴가는 그리움〉의 현상학적 성취는 김이 뿜어내는 시각적 풍경이 추상화되어 드러난 예인 것이다. 또한 정서적 결연성을 간과하지 못한다.

4연의 〈세탁기〉와 〈통돌이〉의 이미지는 현대문명의 소산으로서의 이기인 〈압력솥〉과 결부지어 인간의 무력감 내지 나태

한 작용을 병치시킨다. 금속성의 제재 선택으로 자연과 인간의 세속적 약점과 꿈의 단면을 제시한다고 볼 수 있다. 기계문명의 소산으로서의 제재가 시인의 원대한 상상력에 의거하여 세계의 기준과 원리를 뛰어넘어 삶의 형태까지 굴착하는 예가 되는 것이다. 삶의 단조로운 경계가 허물어지고 인간의 신화적 지평에까지 닿는 언어구조인 것이다. 시인은 초현실에 정색하고 있으나 그 감수성은 우주를 통괄하는 결과를 현시한다.

4

안유정 시학에서 존재와 현상의 문제가 돋보이는 요인은 곧 언어의 미적 구사력을 통해서 가중되고 있다. 그만큼 이 시인의 언어에 대한 집착은 언어 자체의 심화를 통해서 튼튼한 시적 기반을 성취하는 것을 간과하지 못한다. 그러한 의미에서 주로 세 번째 단계로 접근할 수 있는 일련의 시편들을 이러한 언어적 관점으로만 다루는 흥미를 발견하게 된다.

> 희망 횟집은 밤새 파도소리로 들떠 있었다.
> 창가에 감자 몇 알 얹어놓고
> 자정이 지나도록 파도소리에 취해 있었다.
> 칭얼거리는 바다를 향하여
> 감자 하나씩을 던졌다
> 그믐밤 물살은 별마저 적시고

반짝이는 불빛이 수평선을 가르며
어선인 듯 하염없이 가고 있었다.

—「계원리 一泊」 일부

하나 둘 유품들을 들고 나섰다
떠나는 사람들이 웅성거리고
세간들 사이로 야윈 바람이 지나갔다
빈 집 처마 아래 불온한 그림자 서성이며
어머니 영정을 바라보는 동안
나뒹구는 얼김채가 얼기설기 엮여
앙증맞은 가슴을 두드렸다

—「어머니의 가을」 일부

예기한 시편들은 깊은 우수의 미를 진작시킨다. 삶이 던져주는 다양한 방위를 통해 시인은 안으로 흐느끼고 또 호곡하는 것이다. 어차피 태어난 자체가 비극이었다는 진술과는 달리 어떤 경우이든 아름답게 해석해내는 이 시인의 숙명적 시선을 공감하게 되는 것이다. 두 편의 시는 현실적으로 상반되는 감수성으로 극복해야 할 요인을 지니고 있지만 이 시인은 한결같이 시인만이 지닌 내적 기준에 의거하여 삶이 지니는 미적 가치와 볼륨을 쏟아내고 있는 것이다. 전자는 여행지에서 겪은 소회를 통하여 삶의 진정성을 관념으로서가 아니라 미적 감각으로 풀어내고 있으며 후자는 인간의 가장 비극적인 상황에 의거하면서도 어떤 슬픔의 척도로서가 아니라 현대인의 의식이 필수적으로 갖춰야 할 주지적 시각에 의해 감상을 뛰어넘고 있는 것이다.

하나의 풍경으로서의 공간을 뛰어넘어 역동적 삶의 꿈을 형상화한 전자의 시편과 센티멘털리즘을 초극하고 있는 「어머니의 가을」의 숱한 언어적 묘미에서 감동의 한 단면을 발견하게 된다. 가령 〈그믐밤〉과 〈물살〉과 〈별〉과 〈수평선〉이 만들어내는 정서는 고유어가 지닌 섬세한 미감과 한자어까지도 부화시키는 정서적 장인의식을 수렴하게 된다. 〈동해〉가 〈뱉아내는 섬〉에 이르러 이 시인의 기행은 분수령을 이루고 있다. 또한 「어머니의 가을」에서도 〈슬픔 하나를 집어든다〉든가 〈혼절한 낡은 잎들이 내려선다〉든가 〈박새 울음 걸려 있는 숲〉 등은 이 시인의 활유법에 의탁한 언어의 경지를 드러낸다.

시는 설명되는 것이 아니라 보여주는 것이라는 윤재근의 생각이 아니더라도 형상화의 신비로운 경작을 무기화하는 이 시인의 궁극적 특징이 하나의 개성으로 자리매김하기에 족한 것이 아닐 수 없다. 따라서 경직되기 쉬운 존재와 현상을 유연한 언어로 접근함으로써 안유정 시학은 현대시의 중심을 관통해내는 데 커다란 족적으로 남게 될 것이라 믿어진다.